公民环境保护法律知识问答

启智工作室　编

中国环境出版社·北京

图书在版编目（CIP）数据

公民环境保护法律知识问答/启智工作室编. —北京：中国环境出版社，2018.1
ISBN 978-7-5111-3102-7

Ⅰ. ①公… Ⅱ. ①启… Ⅲ. ①环境保护法—中国—问题解答 Ⅳ. D922.685

中国版本图书馆 CIP 数据核字（2017）第 052018 号

策划编辑 葛 莉
责任编辑 宾银平
责任校对 尹 芳
封面设计 宋 瑞

出版发行 中国环境出版社
（100062 北京东城区广渠门内大街 16 号）
网 址：http://www.cesp.com.cn
电子邮箱：bjgl@cesp.com.cn
联系电话：010-67112765（编辑管理部）
010-67113412（第二分社）
发行热线：010-67125803，010-67113405（传真）
印 刷 北京市联华印刷厂
经 销 各地新华书店
版 次 2018 年 1 月第 1 版
印 次 2018 年 1 月第 1 次印刷
开 本 787×1092 1/32
印 张 4
字 数 60 千字
定 价 10.00 元

目 录

1 我国在环境保护方面有哪些主要的法律法规？

环境问题是我国 21 世纪面临的最严峻挑战之一，保护环境是保证经济长期稳定增长和实现可持续发展的基础。为保护和改善环境、防治污染和其他公害、保障公众健康、推进生态文明建设、促进经济社会可持续发展，我国制定了一系列法律法规，如《中华人民共和国环境保护法》《中华人民共和国固体废物污染环境防治法》《中华人民共和国大气污染防治法》《中华人民共和国水污染防治法》《中华人民共和国环境噪声污染防治法》《中华人民共和国放射性污染防治法》《中华人民共和国海洋环境保护法》。

2 公民发现有污染环境和破坏生态行为的，可以怎么做？

根据《中华人民共和国环境保护法》第五十七条规定：公民、法人和其他组织发现任何单位和个人有污染环境和破坏生态行为的，有权向环境保护主管部门或者其他负有环境保护监督管理职责的部门举报。

公民、法人和其他组织发现地方各级人民政府、县级以上人民政府环境保护主管部门和其他负有环境保护监督管理职责的部门不依法履行职责的，有权向其上级机关或者监察机关举报。

接受举报的机关应当对举报人的相关信息予以保密，保护举报人的合法权益。

3 公民可以通过哪些途径对污染环境的行为进行监督？

公众可以通过“12369”环保举报热线、信函、电子邮件、政府网站、微信平台等途径，对乱排废水、废气，乱倒废渣、污泥等污染环境的违法行为进行监督。

4 公民违反有关城市生活垃圾污染环境防治的规定，会受到哪些处罚？

《中华人民共和国固体废物污染环境防治法》第七十四条规定，居民违反有关城市生活垃圾污染环境防治的规定，有下列行为之一的，处200元以下的罚款：

（1）随意倾倒、抛撒或者堆放生活垃圾的；

（2）在运输过程中沿途丢弃、遗撒生活垃圾的。

5 国家对固体废物污染环境防治的原则有哪些？公民应如何贯彻这些原则？

《中华人民共和国固体废物污染环境防治法》第三条、第五条规定：①国家对固体废物污染环境的防治，实行减少固体废物的产生量和危害性、充分合理利用固体废物和无害化处置固体废物的原则，促进清洁生产和循环经济发展。②国家对固体废物污染环境防治实行污染者依法负责的原则。产品的生产者、销售者、进口者、使用者对其产生的固体废物依法承担污染防治责任。

公民应当采取措施，防止或者减少固体废物对环境的污染；尽量购买、使用再生产品和可重复利用产品；作为产品的使用者对其产生的固体废物依法承担污染防治责任。

6 公民如何与违反固体废物污染环境防治法的行为做斗争?

《中华人民共和国固体废物污染环境防治法》第九条规定，任何单位和个人都有保护环境的义务，并有权对造成固体废物污染环境的单位和个人进行检举和控告。

7 公民在日常生活中必须遵守哪些固体废物污染环境防治法的规定?

公民在日常生活中应遵守以下规定：

（1）收集、贮存、运输、利用、处置固体废物时，必须采取防扬散、防流失、防渗漏或者其他防止污染环境的措施；不得擅自倾倒、堆放、丢弃、遗撒固体废物。

（2）禁止向江河、湖泊、运河、渠道、水库及其最高水位线以下的滩地和岸坡等法律、法规规定禁止倾倒、堆放废弃物的地点倾倒、堆放固体废物。

（3）使用农用薄膜时，应当采取回收利用等措施，防止或者减少农用薄膜对环境的污染。

（4）禁止在人口集中地区、机场周围、交通干线附近以及当地人民政府划定的区域露天焚烧秸秆。

8 未按规定缴纳城市生活垃圾处理费将面对怎样的处罚?

《城市生活垃圾管理办法》第三十八条规定：单位和个人未按规定缴纳城市生活垃圾处理费的，由直辖市、市、县人民政府建设（环境卫生）主管部门责令限期改正，逾期不改正的，对单位可处以应交城市生活垃圾处理费 3 倍以下且不超过 3 万元的罚款，对个人可处以应交城市生活垃圾处理费 3 倍以下且不超过 1000 元的罚款。

9 为什么要进行农村生活垃圾治理工作？

全面治理农村垃圾是改善农村环境的有力举措，是广大农民群众的迫切愿望。我国农村国土面积大、人口多，垃圾消纳处理问题突出。党中央、国务院明确提出，要全面推进农村人居环境整治，开展农村垃圾专项治理。以统筹城乡发展、造福农民群众为出发点，以实现农村垃圾的全面长效治理为目标，加大投入、健全机制、发动群众、科学施策，形成改善人居环境与提升乡风文明相互促进的良好局面，建设清洁卫生的宜居环境和农民群众安居乐业的美丽乡村。为全面治理农村垃圾，解决好当前农村垃圾乱扔乱放、治理滞后等问题，经国务院同意，提出《关于全面推进农村垃圾治理的指导意见》。

10 随意倾倒、抛洒或者堆放城市生活垃圾将面对怎样的处罚？

《城市生活垃圾管理办法》第四十二条规定：随意倾

倒、抛洒、堆放城市生活垃圾的，由直辖市、市、县人民政府建设（环境卫生）主管部门责令停止违法行为，限期改正，对单位处以 5000 元以上 5 万元以下的罚款。个人有以上行为的，处以 200 元以下的罚款。

《城市生活垃圾管理办法》第四十四条规定：从事城市生活垃圾经营性清扫、收集、运输的企业在运输过程中沿途丢弃、遗撒生活垃圾的，由直辖市、市、县人民政府建设（环境卫生）主管部门责令停止违法行为，限期改正，处以 5000 元以上 5 万元以下的罚款。

11 公民如何参与生活垃圾的管理？

（1）参与生活垃圾治理规划。《城市生活垃圾管理办法》第七条规定：制定城市生活垃圾治理规划，应当广泛征求公众意见。

（2）参与生活垃圾治理设施规划环境影响评价和项目环境影响评价。《环境影响评价法》对公众参与环境影响评价做出了明确规定，鼓励有关单位、专家和公众以适当方式参与环境影响评价，并要求在编制规划和建设项目环境影响评价文件时，应当举行论证会、听证会，或者采取其他形式，征求有关单位、专家和公众的意见，并将意见处理情况作为附件与环境影响评价文件一起报审。

（3）对生活垃圾的处理和使用等行驶监督权。任何单位和个人发现违法处理和使用生活垃圾的行为，均有权向人民政府建设（环境卫生）主管部门、环境保护部门、城市管理行政主管部门或者城市管理综合执法机关等相关单位进行举报、投诉。

（4）积极参与源头减量、垃圾分类、资源回收等活动。

12《城市市容和环境卫生管理条例》对公民的行为有哪些规定？对违反规定的行为将面对怎样的处罚？

《城市市容和环境卫生管理条例》规定：

（1）一切单位和个人，都应当尊重市容和环境卫生工作人员的劳动，不得妨碍、阻挠市容和环境卫生工作人员履行职务。

（2）对在城市市容和环境卫生工作中成绩显著的单位和个人，由人民政府给予奖励。

（3）一切单位和个人都应当保持建筑物的整洁、美观。在城市人民政府规定的街道的临街建筑物的阳台和窗外，不得堆放、吊挂有碍市容的物品。搭建或者封闭阳台必须符合城市人民政府市容环境卫生行政主管部门的有关规定。

（4）任何单位和个人都不得在街道两侧和公共场地堆放物料，搭建建筑物、构筑物或者其他设施。因建设等特殊需要，在街道两侧和公共场地临时堆放物料，搭建非永久性建筑物、构筑物或者其他设施的，必须征得城市人民政府市容环境卫生行政主管部门同意后，按照有关规定办理审批手续。

（5）一切单位和个人，都不得在城市建筑物、设施以及树木上涂写、刻画。

（6）一切单位和个人都不得擅自拆除环境卫生设施；因建设需要必须拆除的，建设单位必须事先提出拆迁方案，报城市人民政府市容环境卫生行政主管部门批准。

（7）一切单位和个人，都应当依照城市人民政府市容环境卫生行政主管部门规定的时间、地点、方式，倾倒垃圾、粪便。

对于违反以上规定的，城市人民政府市容环境卫生行政主管部门或者其委托的单位除责令其纠正违法行为、采取补救措施外，可以并处警告、罚款。

13 农村垃圾治理工作是由哪些单位牵头？哪些单位参与的？

各级地方政府要把农村垃圾治理纳入重要议事日程和工作考核内容，建立相关负责同志牵头、相关部门参与、目标明确、责任清晰的工作机制。各省（区、市）人民政府对本地区农村垃圾治理负总责，要抓紧编制农村垃圾治理实施方案，与改善农村人居环境、农村环境综合整治等规划衔接，并于 2015 年年底前报住房和城乡建设部、环境保护部、农业部备案。县级人民政府是农村垃圾治理的责任主体，要抓紧制订实施计划，整合各类资源，完善设施建设，保障日常运行。乡镇人民政府要配合做好收集转运设施建设和日常运行等工作，落实专人负责。村委会应组织动员村民，修订完善村规民约，做好村庄保洁。

14 农村垃圾治理的目标任务是什么？

因地制宜建立“村收集、镇转运、县处理”的模式，有效治理农业生产生活垃圾、建筑垃圾、农村工业垃圾等。到2020年全面建成小康社会时，全国90%以上村庄的生活垃圾得到有效治理，实现有齐全的设施设备、有成熟的治理技术、有稳定的保洁队伍、有长效的资金保障、有完善的监管制度；农村畜禽粪便基本实现资源化利用，农作物秸秆综合利用率达到85%以上，农膜回收率达到80%以上；农村地区工业危险废物无害化利用处置率达到95%。

15 农村公民应如何从源头上减少垃圾的产生量？

《关于全面推进农村垃圾治理的指导意见》规定，适合在农村消纳的垃圾应分类后就地减量。果皮、枝叶、厨余等可降解有机垃圾应就近堆肥，或利用农村沼气设施与畜禽粪便以及秸秆等农业废弃物合并处理，发展生物质能源；灰渣、建筑垃圾等惰性垃圾应铺路填坑或就近掩埋；可再生资源应尽可能回收，鼓励企业加大回收力度，提高利用效率；有毒有害垃圾应单独收集，送相关废物处理中心或按有关规定处理。

16 什么是村庄保洁制度？

《关于全面推进农村垃圾治理的指导意见》规定，尽快建立稳定的村庄保洁队伍，根据作业半径、劳动强度等合理配置保洁员。鼓励通过公开竞争方式确定保洁员。明确保洁员在垃圾收集、村庄保洁、资源回收、宣传监督等方面的职责。通过修订完善村规民约、与村民签订门前三包责任书等方式，明确村民的保洁义务。

17 《关于全面推进农村垃圾治理的指导意见》对农村生活垃圾处理有哪些规定？

根据村庄分布、经济条件等因素确定农村生活垃圾收运和处理方式，原则上所有行政村都要建设垃圾集中收集点，配备收集车辆；逐步改造或停用露天垃圾池等敞开式收集场所、设施，鼓励村民自备垃圾收集容器。原则上每个乡镇都应建有垃圾转运站，相邻乡镇可共建共享。逐步提高转运设施及环卫机具的卫生水平，普及密闭运输车辆，有条件的应配置压缩式运输车，建立与垃圾清运体系相配套、可共享的再生资源回收体系。优先利用城镇处理设施处理农村生活垃圾，城镇现有处理设施容量不足时应及时新建、改建或扩建；选择符合农村实际和环保要求、成熟可靠的终端处理工艺，推行卫生化的填埋、焚烧、堆肥或沼气处理等方式，禁止露天焚烧垃圾，逐步取缔二次污染严重的简易填埋设施以及小型焚烧炉等。边远村庄垃圾尽量就地减量、处理，不具备处理条件的应妥善储存、定期外运处理。

18《关于全面推进农村垃圾治理的指导意见》对农业生产废弃物处理有哪些规定？

推进农业生产废弃物资源化利用。推广适合不同区域特点的经济高效、可持续运行的畜禽养殖废弃物综合利用模式，推动建设一批畜禽粪污原地收储、转运、固体粪便集中堆肥等设施和有机肥加工厂。推进秸秆综合利用规模化、产业化，建立健全秸秆收储运体系，推进秸秆机械还田和饲料化利用，实施秸秆能源化集中供气、供电和秸秆固化成型燃料供热等项目。加快地膜标准修订，推广使用加厚地膜，开展可降解地膜研发和试验示范，推进农田残膜回收区域性示范，扶持地膜回收网点和废旧地膜加工能力建设。建立农资包装废弃物储运机制，回收处置农药、化肥、农膜等农资包装物。

19 农村堆积的陈年垃圾该如何处置?

全面排查、摸清陈年垃圾存量、分布和污染情况，集中力量、限定时间、不留死角，尽快完成陈年垃圾清理任务。重点清理村庄路边、河边桥头、坑塘沟渠等地方堆弃的垃圾。禁止城市向农村转移堆弃垃圾，防止在村庄周边形成新的垃圾污染。

20 村民如何参与到农村生活垃圾治理工作中？

大力开展宣传教育，采取多种形式宣传垃圾治理要求、卫生文明习惯、村民参与义务等，激发村民清洁家园的积极性和主动性。积极动员村民主动清洁房前屋后、维护公共环境，开展文明农户、卫生家庭等评选活动。发挥农村妇女的家庭骨干作用，带动全家参与农村垃圾治理。建立健全监督机制，组织老党员、老干部等开展义务监督，建立网络、电话等监督渠道，对反映的问题及时反馈并整改。

21 国家对废弃电器电子产品实行哪些制度？

国家对废弃电器电子产品实行多渠道回收和集中处理制度。对废弃电器电子产品处理实行资格许可制度。取得废弃电器电子产品处理资格，依照《中华人民共和国公司登记管理条例》等规定办理登记并在其经营范围中注明废弃电器电子产品处理的企业，方可从事废弃电器电子产品处理活动。

禁止未取得废弃电器电子产品处理资格的单位和个人处理废弃电器电子产品。

22 申请废弃电器电子产品处理资格应当具备哪些条件?

《废弃电器电子产品回收处理管理条例》第二十三条规定，申请废弃电器电子产品处理资格，应当具备下列条件：

（1）具备完善的废弃电器电子产品处理设施；

（2）具有对不能完全处理的废弃电器电子产品的妥善利用或者处置方案；

（3）具有与所处理的废弃电器电子产品相适应的分拣、包装以及其他设备；

（4）具有相关安全、质量和环境保护的专业技术人员。

23 国家规定，相关部门应向民众公布哪些大气污染防治方面的信息？

（1）国务院环境保护主管部门会同国务院有关部门，按照国务院的规定，对省、自治区、直辖市大气环境质量改善目标、大气污染防治重点任务完成情况进行考核。省、自治区、直辖市人民政府制定考核办法，对本行政区域内地方大气环境质量改善目标、大气污染防治重点任务完成情况实施考核。考核结果应当向社会公开。

（2）制定大气环境质量标准、大气污染物排放标准，应当组织专家进行审查和论证，并征求有关部门、行业协会、企业事业单位和公众等方面的意见。

（3）省级以上人民政府环境保护主管部门应当在其网站上公布大气环境质量标准、大气污染物排放标准，供公众免费查阅、下载。

（4）编制城市大气环境质量限期达标规划，应当征求有关行业协会、企业事业单位、专家和公众等方面的意见。城市大气环境质量限期达标规划应当向社会公开。

（5）城市人民政府每年在向本级人民代表大会或者其常务委员会报告环境状况和环境保护目标完成情况时，应当报告大气环境质量限期达标规划执行情况，并向社会公开。

（6）对超过国家重点大气污染物排放总量控制指标或者未完成国家下达的大气环境质量改善目标的地区，省级以上人民政府环境保护主管部门应当会同有关部门约谈该地区人民政府的主要负责人，并暂停审批该地区新增重点大气污染物排放总量的建设项目环境影响评价文件。约谈情况应当向社会公开。

（7）国务院环境保护主管部门负责制定大气环境质量和大气污染源的监测和评价规范，组织建设与管理全国大气环境质量和大气污染源监测网，组织开展大气环境质量和大气污染源监测，统一发布全国大气环境质量状况信息。

县级以上地方人民政府环境保护主管部门负责组织建设与管理本行政区域大气环境质量和大气污染源监测网，开展大气环境质量和大气污染源监测，统一发布本行政区域大气环境质量状况信息。

（8）重点排污单位名录由设区的市级以上地方人民政府环境保护主管部门按照国务院环境保护主管部门的规定，根据本行政区域的大气环境承载力、重点大气污染物排放总量控制指标的要求以及排污单位排放大气污染物的种类、数量和浓度等因素，商有关部门确定，并向社会公布。

（9）环境保护主管部门和其他负有大气环境保护监督管理职责的部门应当公布举报电话、电子邮箱等，方便公众举报。

（10）国务院环境保护主管部门应当组织建立国家大气污染防治重点区域的大气环境质量监测、大气污染源监测等相关信息共享机制，利用监测、模拟以及卫星、航测、遥感等新技术分析重点区域内大气污染来源及其变化趋势，并向社会公开。

（11）省、自治区、直辖市、设区的市人民政府以及可能发生重污染天气的县级人民政府，应当制定重污染天气应急预案，向上一级人民政府环境保护主管部门备案，并向社会公布。

24 公民应如何对大气污染行为进行监督？国家对公民举报行为有何规定？

公民应当对企业和个人监督，发现下列违法行为应当向环境保护主管部门和其他负有大气环境保护监督管理职责的部门进行举报：

（1）企业事业单位和其他生产经营者建设对大气环境有影响的项目，未依法进行环境影响评价、公开环境影响评价文件的。

（2）向大气排放污染物的，不符合大气污染物排放标准，未遵守重点大气污染物排放总量控制要求的。

（3）排放工业废气或者有毒有害大气污染物名录中所列有毒有害大气污染物的企业事业单位、集中供热设施的燃煤热源生产运营单位以及其他依法实行排污许可管理的单位，未取得排污许可证的。

（4）企业事业单位和其他生产经营者未依照法律法规和国务院环境保护主管部门的规定设置大气污染物排

放口的。

通过偷排、篡改或者伪造监测数据、以逃避现场检查为目的的临时停产、非紧急情况下开启应急排放通道、不正常运行大气污染防治设施等逃避监管的方式排放大气污染物的。

（5）侵占、损毁或者擅自移动、改变大气环境质量监测设施和大气污染物排放自动监测设备的。

（6）国家对严重污染大气环境的工艺、设备和产品实行淘汰制度。生产者、进口者、销售者或者使用者未在规定期限内停止生产、进口、销售或者使用应淘汰或将被淘汰的设备和产品。工艺的采用者未在规定期限内停止采用应淘汰或将被淘汰的工艺。

被淘汰的设备和产品，转让给他人使用的。

环境保护主管部门和其他负有大气环境保护监督管理职责的部门接到举报的，应当及时处理并对举报人的相关信息予以保密；对实名举报的，应当反馈处理结果等情况，查证属实的，处理结果依法向社会公开，并对举报人给予奖励。

举报人举报所在单位的，该单位不得以解除、变更劳动合同或者其他方式对举报人进行打击报复。

25 公民在燃煤及其他能源大气污染防治方面可以做哪些事？

《中华人民共和国大气污染防治法》规定，公民可以从以下几方面为大气污染防治做出自己的贡献：

（1）公民应当增强大气环境保护意识，采取低碳、节俭的生活方式，自觉履行大气环境保护义务。

（2）因为国家禁止进口、销售和燃用不符合质量标准的煤炭，鼓励燃用优质煤炭，所以公民应销售符合民用散煤质量标准的煤炭，燃用优质煤炭和洁净型煤，积极使用节能环保型炉灶。

26 公民在机动车船等大气污染防治方面可以做哪些事？

《中华人民共和国大气污染防治法》规定：

（1）在用机动车应当按照国家或者地方的有关规定，由机动车排放检验机构定期对其进行排放检验。公民应积极配合进行机动车排放检验，经检验合格的，方可上道路行驶。

（2）公民应环保驾驶，使用燃油机动车的公民在不影响道路通行且需停车三分钟以上的情况下熄灭发动机，减少大气污染物的排放。

27 公民在扬尘大气污染防治方面可以做哪些事？

《中华人民共和国大气污染防治法》规定：

（1）运输煤炭、垃圾、渣土、砂石、土方、灰浆等散装、流体物料的车辆应当采取密闭或者其他措施防止物料遗撒造成扬尘污染，并按照规定路线行驶。

装卸物料应当采取密闭或者喷淋等方式防治扬尘污染。

（2）贮存煤炭、煤矸石、煤渣、煤灰、水泥、石灰、石膏、砂土等易产生扬尘的物料应当密闭；不能密闭的，应当设置不低于堆放物高度的严密围挡，并采取有效覆盖措施防治扬尘污染。

28 公民在农业和其他大气污染防治方面可以做哪些事?

《中华人民共和国大气污染防治法》规定：

（1）公民应尽可能生产、进口、销售和使用低毒、低挥发性有机溶剂。

（2）农业生产经营者应当改进施肥方式，科学合理施用化肥并按照国家有关规定使用农药，减少氨、挥发性有机物等大气污染物的排放；禁止在人口集中地区对树木、花草喷洒剧毒、高毒农药。

（3）畜禽养殖场、养殖小区应当及时对污水、畜禽粪便和尸体等进行收集、贮存、清运和无害化处理，防止排放恶臭气体。

（4）禁止露天焚烧秸秆、落叶等产生烟尘污染的物质。各级人民政府及其农业行政等有关部门应当鼓励和支持采用先进适用技术，对秸秆、落叶等进行肥料化、饲料化、能源化、工业原料化、食用菌基料化等综合利用，加大对秸秆还田、收集一体化农业机械的财政补贴力度。

（5）排放油烟的餐饮服务业经营者应当安装油烟净化设施并保持正常使用，或者采取其他油烟净化措施，使油烟达标排放，并防止对附近居民的正常生活环境造成污染。

禁止在居民住宅楼、未配套设立专用烟道的商住综合楼以及商住综合楼内与居住层相邻的商业楼层内新建、改建、扩建产生油烟、异味、废气的餐饮服务项目。

（6）任何单位和个人不得在当地人民政府禁止的区域内露天烧烤食品或者为露天烧烤食品提供场地。

（7）禁止在人口集中地区和其他依法需要特殊保护的区域内焚烧沥青、油毡、橡胶、塑料、皮革、垃圾以及其他产生有毒有害烟尘和恶臭气体的物质。

（8）禁止生产、销售和燃放不符合质量标准的烟花爆竹。任何单位和个人不得在城市人民政府禁止的时段和区域内燃放烟花爆竹。

（9）文明、绿色祭祀。

（10）从事服装干洗和机动车维修等服务活动的经营者，应当按照国家有关标准或者要求设置异味和废气处理装置等污染防治设施并保持正常使用，防止影响周边环境。

29 重污染天气时公民应如何应对？

重污染天气预报预警信息发布后，公民应及时关注人民政府及其有关部门通过电视、广播、网络、短信等途径告知公民应采取的健康防护措施，调整出行和其他相关社会活动，包括有关企业停产或者限产、限制部分机动车行驶、禁止燃放烟花爆竹、停止工地土石方作业和建筑物拆除施工、停止露天烧烤、停止幼儿园和学校组织的户外活动等。任何单位和个人不得擅自向社会发布重污染天气预报预警信息。

30 公民违反有关大气污染防治的规定，会受到哪些处罚？

《中华人民共和国大气污染防治法》规定，公民违反有关大气污染防治的规定将受到如下处罚：

（1）违反本法规定，机动车驾驶人驾驶排放检验不合格的机动车上道路行驶的，由公安机关交通管理部门依法予以处罚。

（2）违反本法规定，运输煤炭、垃圾、渣土、砂石、土方、灰浆等散装、流体物料的车辆，未采取密闭或者其他措施防止物料遗撒的，由县级以上地方人民政府确定的监督管理部门责令改正，处 2 000 元以上 2 万元以下的罚款；拒不改正的，车辆不得上道路行驶。

（3）违反本法规定，排放油烟的餐饮服务业经营者未安装油烟净化设施、不正常使用油烟净化设施或者未采取其他油烟净化措施，超过排放标准排放油烟的，由县级以上地方人民政府确定的监督管理部门责令改正，处 5 000 元以上 5 万元以下的罚款；拒不改正的，责令停业整治。

违反本法规定，在居民住宅楼、未配套设立专用烟道的商住综合楼、商住综合楼内与居住层相邻的商业楼层内新建、改建、扩建产生油烟、异味、废气的餐饮服务项目的，由县级以上地方人民政府确定的监督管理部门责令改正；拒不改正的，予以关闭，并处 1 万元以上 10 万元以下的罚款。

违反本法规定，在当地人民政府禁止的时段和区域内露天烧烤食品或者为露天烧烤食品提供场地的，由县级以上地方人民政府确定的监督管理部门责令改正，没收烧烤工具和违法所得，并处 500 元以上 2 万元以下的罚款。

（4）违反本法规定，在人口集中地区对树木、花草喷洒剧毒、高毒农药，或者露天焚烧秸秆、落叶等产生烟尘污染的物质的，由县级以上地方人民政府确定的监督管理部门责令改正，并可以处 500 元以上 2 000 元以下的罚款。

违反本法规定，在人口集中地区和其他依法需要特殊保护的区域内，焚烧沥青、油毡、橡胶、塑料、皮革、垃圾以及其他产生有毒有害烟尘和恶臭气体的物质的，由县级人民政府确定的监督管理部门责令改正，对单位处 1 万元以上 10 万元以下的罚款，对个人处 500 元以上 2 000 元以下的罚款。

违反本法规定，在城市人民政府禁止的时段和区域内燃放烟花爆竹的，由县级以上地方人民政府确定的监督管理部门依法予以处罚。

（5）违反本法规定，从事服装干洗和机动车维修等服务活动，未设置异味和废气处理装置等污染防治设施并保持正常使用，影响周边环境的，由县级以上地方人民政府环境保护主管部门责令改正，处 2 000 元以上 2 万元以下的罚款；拒不改正的，责令停业整治。

（6）违反本法规定，擅自向社会发布重污染天气预报预警信息，构成违反治安管理行为的，由公安机关依法予以处罚。

31 公民应如何对水污染行为进行监督？国家对公民举报行为有何规定？

加强社会监督。为公民、社会组织提供水污染防治法规培训和咨询，邀请其全程参与重要环保执法行动和重大水污染事件调查。公开曝光环境违法典型案件。健全举报制度，充分发挥“12369”环保举报热线和网络平台作用。限期办理公民举报投诉的环境问题，一经查实，可给予举报人奖励。通过公开听证、网络征集等形式，充分听取公民对重大决策和建设项目的意见。积极推行环境公益诉讼。

任何单位和个人都有义务保护水环境，并有权对污染损害水环境的行为进行检举。

县级以上人民政府及其有关主管部门对在水污染防治工作中做出显著成绩的单位和个人给予表彰和奖励。

32 公民的哪些行为会违反国家对关于一般水体的保护规定？针对违法行为有哪些惩罚措施？

《中华人民共和国水污染防治法》第七十六条规定，有下列行为之一的，由县级以上地方人民政府环境保护主管部门责令停止违法行为，限期采取治理措施，消除污染，处以罚款；逾期不采取治理措施的，环境保护主管部门可以指定有治理能力的单位代为治理，所需费用由违法者承担：

（1）向水体排放油类、酸液、碱液的；

（2）向水体排放剧毒废液，或者将含有汞、镉、砷、铬、铅、氰化物、黄磷等的可溶性剧毒废渣向水体排放、倾倒或者直接埋入地下的；

（3）在水体清洗装贮过油类、有毒污染物的车辆或者容器的；

（4）向水体排放、倾倒工业废渣、城镇垃圾或者其他废弃物，或者在江河、湖泊、运河、渠道、水库最高水位线以下的滩地、岸坡堆放、存贮固体废弃物或者其他污染物的；

（5）向水体排放、倾倒放射性固体废物或者含有高放射性、中放射性物质的废水的；

（6）违反国家有关规定或者标准，向水体排放含低放射性物质的废水、热废水或者含病原体的污水的；

（7）利用渗井、渗坑、裂隙或者溶洞排放、倾倒含有毒污染物的废水、含病原体的污水或者其他废弃物的；

（8）利用无防渗漏措施的沟渠、坑塘等输送或者存贮含有毒污染物的废水、含病原体的污水或者其他废弃物的。

有（3）、（6）行为之一的，处1万元以上10万元以下的罚款；有（1）、（4）、（8）行为之一的，处2万元以上20万元以下的罚款；有（2）、（5）、（7）行为之一的，处5万元以上50万元以下的罚款。

33 公民的哪些行为会违反国家对关于饮用水水源地的保护规定？针对违法行为有哪些惩罚措施？

《中华人民共和国水污染防治法》第八十一条规定，在饮用水水源一级保护区内从事网箱养殖或者组织进行旅游、垂钓或者其他可能污染饮用水水体的活动的，由县级以上地方人民政府环境保护主管部门责令停止违法行为，处 2 万元以上 10 万元以下的罚款。个人在饮用水水源一级保护区内游泳、垂钓或者从事其他可能污染饮用水水体的活动的，由县级以上地方人民政府环境保护主管部门责令停止违法行为，可以处 500 元以下的罚款。

34 法律规定的公民危及城镇排水与污水处理设施安全的违法行为有哪些？针对违法行为有哪些惩罚措施？

法律规定的公民危及城镇排水与污水处理设施安全的违法行为有：①损毁、盗窃城镇排水与污水处理设施；②穿凿、堵塞城镇排水与污水处理设施；③向城镇排水与污水处理设施排放、倾倒剧毒、易燃易爆、腐蚀性废液和废渣；④向城镇排水与污水处理设施倾倒垃圾、渣土、施工泥浆等废弃物；⑤建设占压城镇排水与污水处理设施的建筑物、构筑物或者其他设施；⑥其他危及城镇排水与污水处理设施安全的活动。

《城镇排水与污水处理条例》规定，违反本条例，从事危及城镇排水与污水处理设施安全的活动的，由城镇排水主管部门责令停止违法行为，限期恢复原状或者采取其他补救措施，给予警告；逾期不采取补救措施或者造成严重后果的，对个人处2万元以上10万元以下罚款；造成损失的，依法承担赔偿责任；构成犯罪的，依法追究刑事责任。

35 公民未按照国家有关规定进行污水排放的，将受到哪些惩罚？

《城镇排水与污水处理条例》第四十九条规定，城镇排水与污水处理设施覆盖范围内的个人，未按照国家有关规定将污水排入城镇排水设施，或者在雨水、污水分流地区将污水排入雨水管网的，由城镇排水主管部门责令改正，给予警告；逾期不改正或者造成严重后果的，对个人处2万元以上10万元以下罚款；造成损失的，依法承担赔偿责任。

36 农村土地流转的受让方要履行哪些职责?

《土壤污染防治行动计划》规定，农村土地流转的受让方要履行土壤保护的责任，避免因过度施肥、滥用农药等掠夺式农业生产方式造成土壤环境质量下降。

37 对造成土壤污染的，如何明确治理和修复主体?

《土壤污染防治行动计划》规定，按照“谁污染，谁治理”原则，造成土壤污染的单位或个人要承担治理与修复的主体责任。责任主体发生变更的，由变更后继承其债权、债务的单位或个人承担相关责任；土地使用权依法转让的，由土地使用权受让人或双方约定的责任人承担相关责任。责任主体灭失或责任主体不明确的，由所在地县级人民政府依法承担相关责任。

38 对于土壤污染治理与修复工程，有哪些监管措施?

《土壤污染防治行动计划》规定，治理与修复工程原则上在原址进行，并采取必要措施防止污染土壤挖掘、堆存等造成二次污染；需要转运污染土壤的，有关责任单位要将运输时间、方式、线路和污染土壤数量、去向、最终处置措施等，提前向所在地和接收地环境保护部门报告。工程施工期间，责任单位要设立公告牌，公开工程基本情况、环境影响及其防范措施；所在地环境保护部门要对各项环境保护措施落实情况进行检查。工程完工后，责任单位要委托第三方机构对治理与修复效果进行评估，结果向社会公开。实行土壤污染治理与修复终身责任制。

39 个人可否开发未利用的土地?

根据《中华人民共和国土地管理法》第三十八和第三十九条，国家鼓励单位和个人按照土地利用总体规划，在保护和改善生态环境、防止水土流失和土地荒漠化的前提下，开发未利用的土地；适宜开发为农用地的，应当优先开发成农用地。开垦未利用的土地，必须经过科学论证和评估，在土地利用总体规划划定的可开垦的区域内，经依法批准后进行。禁止毁坏森林、草原开垦耕地，禁止围湖造田和侵占江河滩地。根据土地利用总体规划，对破坏生态环境开垦、围垦的土地，有计划有步骤地退耕还林、还牧、还湖。

国家依法保护开发者的合法权益。

40 用地单位和个人因挖损、塌陷、压占等造成土地破坏的，会受到怎样的惩罚?

根据《中华人民共和国土地管理法》第四十二条，

因挖损、塌陷、压占等造成土地破坏，用地单位和个人应当按照国家有关规定负责复垦；没有条件复垦或者复垦不符合要求的，应当缴纳土地复垦费，专项用于土地复垦。复垦的土地应当优先用于农业。

41 国家对非法开垦草原的有哪些惩罚措施？

《中华人民共和国草原法》第六十六条规定：非法开垦草原，构成犯罪的，依法追究刑事责任；尚不够刑事处罚的，由县级以上人民政府草原行政主管部门依据职权责令停止违法行为，限期恢复植被，没收非法财物和违法所得，并处违法所得 1 倍以上 5 倍以下的罚款；没有违法所得的，并处 5 万元以下的罚款；给草原所有者或者使用者造成损失的，依法承担赔偿责任。

42 为减少固体废物污染环境，国家采取了哪些措施？

《中华人民共和国固体废物污染环境防治法》规定：

国家采取有利于固体废物综合利用活动的经济、技术政策和措施，对固体废物实行充分回收和合理利用；鼓励、支持采取有利于保护环境的集中处置固体废物的措施，促进固体废物污染环境防治产业发展；对固体废物污染环境的防治，实行减少固体废物的产生量和危害性、充分合理利用固体废物和无害化处置固体废物的原则，促进清洁生产和循环经济发展；鼓励、支持固体废物污染环境防治的科学研究、技术开发、推广先进的防治技术和普及固体废物污染环境防治的科学知识；加强防治固体废物污染环境的宣传教育，倡导有利于环境保护的生产方式和生活方式；鼓励单位和个人购买、使用再生产品和可重复利用产品；对在固体废物污染环境防治工作以及相关的综合利用活动中作出显著成绩的单位和个人给予奖励。

43 国家对单位和个人防治固体废物污染环境有哪些一般规定？

《中华人民共和国固体废物污染环境防治法》规定：

产生固体废物的单位和个人，应当采取措施，防止或者减少固体废物对环境的污染。

收集、贮存、运输、利用、处置固体废物的单位和个人，必须采取防扬散、防流失、防渗漏或者其他防止污染环境的措施；不得擅自倾倒、堆放、丢弃、遗撒固体废物。

禁止任何单位或者个人向江河、湖泊、运河、渠道、水库及其最高水位线以下的滩地和岸坡等法律、法规规定禁止倾倒、堆放废弃物的地点倾倒、堆放固体废物。

生产、销售、进口依法被列入强制回收目录的产品和包装物的企业，必须按照国家有关规定对该产品和包装物进行回收。

使用农用薄膜的单位和个人，应当采取回收利用等措施，防止或者减少农用薄膜对环境的污染。

从事畜禽规模养殖应当按照国家有关规定收集、贮存、利用或者处置养殖过程中产生的畜禽粪便，防止污染环境。

禁止在人口集中地区、机场周围、交通干线附近以及当地人民政府划定的区域露天焚烧秸秆。

44 国家对农产品产地有哪些规定？

《中华人民共和国农产品质量安全法》规定：县级以上地方人民政府农业行政主管部门按照保障农产品质量安全的要求，根据农产品品种特性和生产区域大气、土壤、水体中有毒有害物质状况等因素，认为不适宜特定农产品生产的，提出禁止生产的区域，报本级人民政府批准后公布。

县级以上人民政府农业行政主管部门应当采取措施，推进保障农产品质量安全的标准化生产综合示范区、示范农场、养殖小区和无规定动植物疫病区的建设。

禁止在有毒有害物质超过规定标准的区域生产、捕捞、采集食用农产品和建立农产品生产基地。

禁止违反法律、法规的规定向农产品产地排放或者倾倒废水、废气、固体废物或者其他有毒有害物质。农业生产用水和用作肥料的固体废物，应当符合国家规定的标准。

农产品生产者应当合理使用化肥、农药、兽药、农用薄膜等化工产品，防止对农产品产地造成污染。

45 发生农产品质量安全事故时，应该怎么做?

《中华人民共和国农产品质量安全法》规定：发生农产品质量安全事故时，有关单位和个人应当采取控制措施，及时向所在地乡级人民政府和县级人民政府农业行政主管部门报告；收到报告的机关应当及时处理并报上一级人民政府和有关部门。发生重大农产品质量安全事故时，农业行政主管部门应当及时通报同级食品药品监督管理部门。

46 对于农产品生产企业、农民专业合作经济组织建立和保存农产品生产记录，国家有何规定?

《中华人民共和国农产品质量安全法》规定：农产品生产企业和农民专业合作经济组织应当建立农产品生产记录，如实记载下列事项：①使用农业投入品的名称、来源、用法、用量和使用、停用的日期；②动物疫病、植物病虫草害的发生和防治情况；③收获、屠宰或者捕捞的日期。

农产品生产记录应当保存 2 年。禁止伪造农产品生产记录。

国家鼓励其他农产品生产者建立农产品生产记录。

农产品生产企业、农民专业合作经济组织未建立或者未按照规定保存农产品生产记录的，或者伪造农产品生产记录的，责令限期改正；逾期不改正的，可以处2 000元以下罚款。

47 个人对农产品质量安全进行社会监督，国家的政策是什么？

《中华人民共和国农产品质量安全法》第三十八条规定：国家鼓励单位和个人对农产品质量安全进行社会监督。任何单位和个人都有权对违反农产品质量安全的行为进行检举、揭发和控告。有关部门收到相关的检举、揭发和控告后，应当及时处理。

48 哪些农产品不得销售？

《中华人民共和国农产品质量安全法》第三十三条规

定：有下列情形之一的农产品，不得销售：

（1）含有国家禁止使用的农药、兽药或者其他化学物质的；

（2）农药、兽药等化学物质残留或者含有的重金属等有毒有害物质不符合农产品质量安全标准的；

（3）含有的致病性寄生虫、微生物或者生物毒素不符合农产品质量安全标准的；

（4）使用的保鲜剂、防腐剂、添加剂等材料不符合国家有关强制性的技术规范的；

（5）其他不符合农产品质量安全标准的。

49 对于转基因农业或农产品，国家有哪些规定？

《中华人民共和国农产品质量安全法》规定：农业转基因生物的研究、试验、生产、加工、经营及其他应用，必须依照国家规定严格实行各项安全控制措施。

属于农业转基因生物的农产品，应当按照农业转基因生物安全管理的有关规定进行标识。

50 农民和农业生产经营组织应如何保养农用地?

农民和农业生产经营组织应当保养耕地，合理使用化肥、农药、农用薄膜，增加使用有机肥料，采用先进技术，保护和提高地力，防止农用地的污染、破坏和地力衰退。

51 我国对土地实行什么制度？对土地所有权有哪些规定?

《中华人民共和国土地管理法》规定：我国实行土地的社会主义公有制，即全民所有制和劳动群众集体所有制。全民所有，即国家所有土地的所有权由国务院代表国家行使。

任何单位和个人不得侵占、买卖或者以其他形式非法转让土地。土地使用权可以依法转让；国家为了公共利益的需要，可以依法对土地实行征收或者征用并给予补偿；国家依法实行国有土地有偿使用制度。

但是，国家在法律规定的范围内划拨国有土地使用权的除外。

52 使用土地的单位和个人必须遵循什么原则？

《中华人民共和国土地管理法》规定：根据土地用途，我国将土地分为农用地、建设用地和未利用地。农用地是指直接用于农业生产的土地，包括耕地、林地、草地、农田水利用地、养殖水面等；建设用地是指建造建筑物、构筑物的土地，包括城乡住宅和公共设施用地、工矿用地、交通水利设施用地、旅游用地、军事设施用地等；未利用地是指农用地和建设用地以外的土地。

使用土地的单位和个人必须严格按照土地利用总体规划确定的用途使用土地。

53 单位和个人对土地管理有什么义务和权利？

《中华人民共和国土地管理法》规定：任何单位和个人都有遵守土地管理法律、法规的义务，并有权对违反土地管理法律、法规的行为提出检举和控告。

使用土地的单位和个人，有保护、管理和合理利用土地的义务。

54 编制土地利用总体规划应遵循哪些原则?

《中华人民共和国土地管理法》规定：土地利用总体规划按照下列原则编制：

（1）严格保护基本农田，控制非农业建设占用农用地；

（2）提高土地利用率；

（3）统筹安排各类、各区域用地；

（4）保护和改善生态环境，保障土地的可持续利用；

（5）占用耕地与开发复垦耕地相平衡。

55 工业企业厂界处声环境功能区类型分类及其环境噪声排放限值?

根据《工业企业厂界环境噪声排放标准》工业企业厂界处声环境功能区类型分为 0 类区、1 类区、2 类区、

3 类区、4 类区。其环境噪声不得超过下表规定的排放限值。这里的“昼间”是指 6：00 至 22：00 之间的时段；“夜间”是指 22：00 至次日 6：00 之间的时段。

工业企业厂界环境噪声排放限值

单位：dB（A）

边界处声环境功能区类型	时段	
	昼间	夜间
0	50	40
1	55	45
2	60	50
3	65	55
4	70	55

56 建筑施工场界环境噪声排放限值?

根据《建筑施工场界环境噪声排放标准》，建筑施工场界排放环境噪声昼间不得超过 70 dB（A），夜间不得超过 55 dB（A）。

57 当受到环境噪声污染危害时，可以怎么做？

受到环境噪声污染危害的单位和个人，有权要求加害人排除危害；造成损失的，依法赔偿损失。

赔偿责任和赔偿金额的纠纷，可以根据当事人的请求，由环境保护行政主管部门或者其他环境噪声污染防治工作的监督管理部门、机构调解处理；调解不成的，当事人可以向人民法院起诉。当事人也可以直接向人民法院起诉。

58 在城市市区噪声敏感建筑物集中区域内，国家对噪声有什么规定？

“噪声敏感建筑物集中区域”是指医疗区、文教科研区和以机关或者居民住宅为主的区域。

在城市市区噪声敏感建筑物集中区域内，禁止夜间进行产生环境噪声污染的建筑施工作业，但抢修、抢险作业和因生产工艺上要求或者特殊需要必须连续作业的除外；因特殊需要必须连续作业的，必须有县级以上人民政府或者其有关主管部门的证明；此处规定的夜间作业，必须公告附近居民。

59 关于交通运输噪声，国家有何规定？

《中华人民共和国环境噪声污染防治法》中所称交通运输噪声，是指机动车辆、铁路机车、机动船舶、航空器等交通运输工具在运行时所产生的干扰周围生活环境的声音。

关于交通运输噪声，国家有如下规定：禁止制造、销售或者进口超过规定的噪声限值的汽车。

在城市市区范围内行使的机动车辆的消声器和喇叭必须符合国家规定的要求。机动车辆必须加强维修和保养，保持技术性能良好，防治环境噪声污染。

机动车辆在城市市区范围内行驶，机动船舶在城市市区的内河航道航行，铁路机车驶经或者进入城市市区、疗养区时，必须按照规定使用声响装置。

警车、消防车、工程抢险车、救护车等机动车辆安装、使用警报器，必须符合国务院公安部门的规定；在执行非紧急任务时，禁止使用警报器。

建设经过已有的噪声敏感建筑物集中区域的高速公路和城市高架、轻轨道路，有可能造成环境噪声污染的，应当设置声屏障或者采取其他有效的控制环境噪声污染的措施。

在已有的城市交通干线的两侧建设噪声敏感建筑物的，建设单位应当按照国家规定间隔一定距离，并采取减轻、避免交通噪声影响的措施。

60 何为放射性废物？

根据《放射性废物安全管理条例》，放射性废物是指含有放射性核素或者被放射性核素污染，其放射性核素浓度或者比活度大于国家确定的清洁解控水平，预期不再使用的废弃物。

61 放射性废物的安全管理应坚持什么原则？

放射性废物的安全管理，应当坚持减量化、无害化和妥善处置、永久安全的原则。国家对放射性废物实行分类管理。根据放射性废物的特性及其对人体健康和环境的潜在危害程度，将放射性废物分为高水平放射性废物、中水平放射性废物和低水平放射性废物。

62 建造放射性固体废物处置设施，应遵循哪些原则？

建造放射性固体废物处置设施，应当按照放射性固体废物处置场所选址技术导则和标准的要求，与居住区、水源保护区、交通干道、工厂和企业等场所保持严格的安全防护距离，并对场址的地质构造、水文地质等自然条件以及社会经济条件进行充分研究论证。

建造放射性固体废物处置设施，应当符合放射性固体废物处置场所选址规划，并依法办理选址批准手续和建造许可证。不符合选址规划或者选址技术导则、标准的，不得批准选址或者建造。

63 放射性物品如何分类？可否邮寄放射性物品？

根据放射性物品的特性及其对人体健康和环境的潜在危害程度，将放射性物品分为一类、二类和三类。一类放射性物品，是指Ⅰ类放射源、高水平放射性废物、乏燃料等释放到环境后对人体健康和环境产生重大辐射影响的放射性物品。二类放射性物品，是指Ⅱ类和Ⅲ类放射源、中等水平放射性废物等释放到环境后对人体健康和环境产生一般辐射影响的放射性物品。三类放射性物品，是指Ⅳ类和Ⅴ类放射源、低水平放射性废物、放射性药品等释放到环境后对人体健康和环境产生较小辐射影响的放射性物品。

禁止邮寄一类、二类放射性物品。邮寄三类放射性物品的，按照国务院邮政管理部门的有关规定执行。

64 放射性物品可否托运？如果可以托运，对托运的放射性物品有何规定？

放射性物品可以托运，但须对托运的放射性物品进行监测，监测结果不符合国家放射性物品运输安全标准的，不得托运。对托运的放射物品的监测如下：托运一类放射性物品的，托运人应当委托有资质的辐射监测机构在启运前对其表面污染和辐射水平实施监测，辐射监测机构应当出具辐射监测报告；托运二类、三类放射性物品的，托运人应当对其表面污染和辐射水平实施监测，并编制辐射监测报告，存档备查。

65 通过道路运输放射性物品，应当怎么做?

通过道路运输放射性物品的，应当经公安机关批准，按照指定的时间、路线、速度行驶，并悬挂警示标志，配备押运人员，使放射性物品处于押运人员的监管之下。

通过道路运输核反应堆乏燃料的，托运人应当报国务院公安部门批准。通过道路运输其他放射性物品的，托运人应当报启运地县级以上人民政府公安机关批准。具体办法由国务院公安部门商国务院核安全监管部门制定。

66 放射性同位素的存放应注意哪些问题?

放射性同位素应当单独存放，不得与易燃、易爆、腐蚀性物品等一起存放，其贮存场所应当采取有效的防火、防盗、防射线泄漏的安全防护措施，并指定专人负责保管。贮存、领取、使用、归还放射性同位素时，应当进行登记、检查，做到账物相符。

67 含有天然放射性物质的石材可作为建筑和装修材料吗?

使用伴生放射性矿渣和含有天然放射性物质的石材做建筑和装修材料，应当符合国家建筑材料放射性核素控制标准。

68 放射性物品运输安全监督管理包括哪几个方面?

放射性物品运输容器设计活动的监督管理、放射性物品运输容器制造活动的监督管理、放射性物品运输活动的监督管理。

69 《畜禽规模养殖污染防治条例》为何重要？

随着我国畜牧业的快速发展，畜禽粪便等废弃物产生量日益增加。大量畜禽粪便等废弃物资源得不到合理的利用，一方面导致了污染，另一方面又不利于土地有机质保持和提升，因此畜禽养殖问题不仅事关农业的可持续发展，也事关我国的环境质量。国务院于 2013 年 11 月颁布了《畜禽规模养殖污染防治条例》，2014 年 1 月 1 日起施行。作为我国农村和农业环保领域第一部国家级行政法规，是我国农村环境保护工作的重要里程碑。

70 畜禽粪便等废弃物是很好的有机肥资源，会造成污染吗？

畜禽粪便等废弃物是优质的生物质资源，但其含有大量的有害成分，必须经过必要的无害化处理，才能作为有机肥还田利用。不经过处理就还田，将会导致疫病传播。

71 出台《畜禽规模养殖污染防治条例》（以下简称《条例》），加强环保监管，是否会导致养殖业成本增加，加重农民负担，影响产业发展，影响“菜篮子”供给？

《条例》关于畜禽养殖污染防治的基本思路是提高废弃物综合利用率，根本方法是通过优化布局、扶持鼓励，更好地实现废弃物就地就近资源化转化和利用。

《条例》规定，政府部门应出台扶持鼓励措施，如利用相关资金支持污染设施建设、对粪便等综合利用实施税收优惠、严格限制环评收费、对自愿减排予以奖励等，可以减少养殖业污染防治经济负担，防止由于成本增加造成养殖业负担加重。

可见，《条例》出台，有利于推动畜禽养殖产业升级，不仅不会影响“菜篮子”供给，而且有利于更长期地保障市场稳定供应。

72《条例》的监管范围是否合适？

就目前我国畜禽养殖产业发展的现状，规模以上（年出栏生猪或其他品种产污量相当的畜禽 50 头及以上）的养殖单元的数量（493 万户）占比仅不到 4%，而产能占 2/3 以上，《条例》拟定的重点监管范围适用于畜禽养殖场、养殖小区的养殖污染防治。畜禽养殖场、养殖小区的规模标准根据畜牧业发展状况和畜禽养殖污染防治要求确定。牧区放牧养殖污染防治，不适用本条例。

可以说体现了抓大放小、突出重点，与目前的监管能力也是相适应的，利于相关规定和要求得到较好落实。

73 养殖场和养殖小区有何区别？

“畜禽养殖场”的所有权或经营主体是单一的；“养殖小区”是一种由散养向养殖场过渡的形式，小区内的畜禽归不同主体所有，圈舍统一建设，统一经营或者按统一的管理标准运营。

在污染防治要求方面，养殖场和养殖小区没有明显区别，只是实际承担责任和义务的主体不同。

74 目前，农村由于养殖发生的纠纷频频出现，《条例》对此类情况是否有所考虑？

《条例》对所有的养殖和废弃物处理活动做出了一般性规定，即所有规模的养殖及废弃物处理活动都应采取必要的措施，减少废弃物的产生量和污染物的排放量，防止粪便、污水和尸体等污染环境，也为今后处理由养殖污染产生的环境问题以及邻里纠纷提供了制度依据。

75 《条例》要求进行排污备案，是否涉及排污收费？

《条例》规定，养殖场和小区应定期将生产及废弃物产生及处置情况向环保部门备案，目的在于使政府有关部门掌握基本情况，为管理和服务提供基础支撑，与收费没有直接关系。

《排污费征收标准管理办法》（2003 年），对于存栏规模大于 50 头牛、500 头猪、5000 羽鸡鸭等的禽畜养殖场向水体排放污染物的，按照排放污染物的种类、数量折合污染当量计征排污费。每一污染当量（猪 1 头）的缴费标准为 0.7 元，其他品种畜禽按产污系数折算，折合每年每头牛 7 元、每头猪 0.7 元、每羽鸡或鸭 0.023 元。如果废弃物经综合利用后实现零排放的，则不需要缴纳排污费。

可见，涉及收费的养殖场和小区数量很少（以猪为例，纳入排污费征收范围的养殖单元仅占总户数的不足 0.2%），且收费水平也很低，而且如果实现了综合利用，则免征排污费。

76 畜禽养殖项目有必要进行环评吗?

作为某一类型的建设项目，养殖场和小区应当依照环评法、水污染防治法、建设项目环保条例等法律法规开展环评。且畜禽养殖项目的环保措施能否落实到位也攸关项目本身的发展。因此，按照《条例》养殖场和小区建设项目有必要依法开展环评。

77 环评费用是否会造成养殖业主过重的经济负担?

为了进一步降低环评成本,《条例》一方面对畜禽养殖项目环评的重点内容做了具体的规定（第十二条）；另一方面规定需编写环评报告书的畜禽养殖场和小区建设项目的规模范围由环境保护部商农业部门设定，严格控制环评收费的范围。同时，规定地方政府应该根据实际情况及畜禽养殖项目环评费用予以补助，以进一步减少环评对养殖业主的经济压力。

78 黄浦江死猪漂浮事件，危及饮用水安全，对此类污染情况《条例》是否有所考虑?

畜禽养殖会有一定的畜禽死亡淘汰率，是产业的正常现象，但畜禽尸体的处置得当与否直接关系到环境安全。对此,《条例》予以了高度重视。第三十三条规定“国家鼓励和支持对染疫畜禽、病死或者死因不明畜禽尸体进行集中无害化处理，并按照国家有关规定对处理费用、养殖损失给予适当补助”。将尸体与粪便、污水等都作为废弃物，对其安全处理处置做出了规定，为今后进一步加强动物尸体处理处置环境安全监管提供了制度支撑。

79《条例》规定划定禁养区，是否会给不愿发展畜禽养殖业的地方政府以限制养殖业发展的理由，从而导致大量养殖场关闭而影响市场供应？

由于畜禽养殖场和小区的污染物产生量大，具有较大的环境风险，为此，《条例》规定了建设畜禽养殖场和养殖小区的禁止区域，如饮用水水源保护区、风景名胜区、自然保护区和居民生活区这类环境敏感、需要特殊保护的区域。违反该项规定的将责令停止违法行为；拒不停止违法行为的，处 3 万元以上 10 万元以下的罚款，在饮用水水源保护区建设畜禽养殖场、养殖小区的，将处 10 万元以上 50 万元以下的罚款，并责令拆除或者关闭。该规定的目的在于在畜禽养殖场和养殖小区建设的选址环节，就有意识地降低其环境风险，避免日后由于与需要保护的对象保护目标相冲突影响产业健康发展。

为处理好环境保护和产业发展的关系，防止禁养区划定制度的滥用，依据《中华人民共和国畜牧法》第四十条，《条例》对禁养区的划定做出了具体规定，未对畜牧法规定的禁止范围进行扩大，也未授权地方政府自行划定禁养区。可见，《条例》相关规定的设置不会导致由于禁养区划定而导致产业萎缩乃至影响市场供应的情况。

80 畜禽养殖废弃物进行综合利用有哪些方法？为何《条例》中有时写“综合利用”，有时写“无害化”？

综合利用是实现废弃物资源化并减少污染的根本途径，《条例》第十五条规定“国家鼓励和支持采取粪肥还田、制取沼气、制造有机肥等方法，对畜禽养殖废弃物进行综合利用。”

畜禽粪便、污水等废弃物，经过无害化处理，是土壤有机质和植物养分的重要来源，粪肥还田，也是千百年以来被农业生产实践所证明有利于土壤生产力的保持和提升的有效方法。沼气、堆肥等方法，是近几十年来逐步发展起来的畜禽粪便无害化和综合利用的关键技术，为此，《条例》明确了国家鼓励和支持畜禽粪便等废弃物经过无害化后进行还田利用。需要说明的是，鼓励，意味着是国家倡导的方向；支持，表明国家可以采取政策、资金等措施，予以推动。

综合利用的主要目的是“用”，一般会包括无害化过程。单独提到无害化，是针对消除或控制其环境和生物风险的目标；而提到综合利用，则是强调实现物质循环和资源高效利用。

81 《条例》是如何鼓励单位和个人的监督行为的？

畜禽养殖污染防治，不仅需要政府部门的严格执法监管，更需要社会各界的积极支持和密切配合，《条例》第八条规定，任何单位和个人对违反本条例规定的行为，有权向县级以上人民政府环境保护等有关部门举报。接到举报的部门应当及时调查处理。对在畜禽养殖污染防治中做出突出贡献的单位和个人，按照国家有关规定给予表彰和奖励。

82 如何实现畜禽养殖活动污染的源头控制?

源头控制是污染防治的重要环节，也是最基础的环节。畜禽养殖业污染物的主要来源是畜禽养殖过程中产生的粪便、污水、尸体和垫料等，其产生量和排放量的多少，直接与其生产工艺过程有关。第十四条规定 从事畜禽养殖活动，应当采取科学的饲养方式和废弃物处理工艺等有效措施，减少畜禽养殖废弃物的产生量和向环境的排放量。

《畜禽养殖业污染防治技术规范》第八条规定：畜禽养殖饲料应采用合理配方，如理想蛋白质体系配方等，提高蛋白质及其他营养的吸收效率，减少氮的排放量和粪的生产量；提倡使用微生物制剂、酶制剂和植物提取液等活性物质，减少污染物排放和恶臭气体的产生；养殖场场区、畜禽舍、器械等消毒应采用环境友好的消毒剂和消毒措施（包括紫外线、臭氧、过氧化氢等方法）。科学的饲养方式包括优化饲料配方、规范畜禽圈舍建设等。有利于减少废弃物产生量的处理工艺有很多，如干清粪、雨污分流等。

83《条例》规定畜禽粪便等废弃物处理利用过程中措施不当导致污染要承担哪些法律责任？

将畜禽养殖废弃物用作肥料，超过土地消纳能力，造成环境污染的；从事畜禽养殖活动或者畜禽养殖废弃物处理活动，未采取有效措施，导致畜禽养殖废弃物渗出、泄漏的；将责令停止违法行为，限期采取治理措施消除污染，并依照相关法律予以处罚。

84《条例》规定畜禽养殖超标超总量排污应负什么法律责任？

排放畜禽养殖废弃物不符合国家或者地方规定的污染物排放标准或者总量控制指标，或者未经无害化处理直接向环境排放畜禽养殖废弃物的，由县级以上地方政府环境保护主管部门责令限期治理；可以处5万元以下罚款。县级以上人民政府环境保护主管部门做出限期治理决定后，应当会同同级人民政府农牧等有关部门对整改措施的落实情况及时进行核查，并向社会公布核查结果。

85 《条例》中指出，国家将对哪些畜禽养殖活动给予鼓励和支持？

国家鼓励和支持采取种植和养殖相结合的方式消纳利用畜禽养殖废弃物，促进畜禽粪便、污水等废弃物就地就近利用。

国家鼓励和支持沼气制取、有机肥生产等废弃物综合利用以及沼渣沼液输送和施用、沼气发电等相关配套设施建设。

利用畜禽养殖废弃物生产有机肥产品的，享受国家关于化肥运力安排等支持政策；购买使用有机肥产品的，享受不低于国家关于化肥的使用补贴等优惠政策。

畜禽养殖场、养殖小区的畜禽养殖污染防治设施运行用电执行农业用电价格。

国家鼓励和支持对染疫畜禽、病死或者死因不明畜禽尸体进行集中无害化处理，并按照国家有关规定对处理费用、养殖损失给予适当补助。

86 对未达到省级人民政府设定的养殖规模标准的养殖场和小区的畜禽养殖户能受相关的激励和扶持政策吗?

目前，我国还存在大量的养殖户，其养殖规模达不到省级人民政府设定的场和小区的养殖规模标准。《条例》对这个群体的污染防治没有做出强制性的要求，但规定此类养殖户自觉依照《条例》的要求采取污染防治措施的，包括建设相应的设施，以及开展综合利用活动，减少污染排放的，也可以享受有关激励和扶持政策。

87 公民在海洋环境保护方面能做些什么?

《中华人民共和国海洋法》第四条规定，一切单位和个人都有保护海洋环境的义务，并有权对污染损害海洋环境的单位和个人，以及海洋环境监督管理人员的违法失职行为进行监督和检举。

88 如果有海洋排污行为怎么办?

《中华人民共和国海洋法》规定：直接向海洋排放污染物的单位和个人，必须按照国家规定缴纳排污费。向海洋倾倒废弃物，必须按照国家规定缴纳倾倒费。而征收的排污费、倾倒费，必须用于海洋环境污染的整治，不得挪作他用。

因发生事故或者其他突发性事件，造成或者可能造成海洋环境污染事故的单位和个人，必须立即采取有效措施，及时向可能受到危害者通报，并向依照本法规定行使海洋环境监督管理权的部门报告，接受调查处理。

89 载运具有污染危害性货物进出港口需要办理什么手续?

载运具有污染危害性货物进出港口的船舶，其承运人、货物所有人或者代理人，必须事先向海事行政主管部门申报。经批准后，方可进出港口、过境停留或者装卸作业。

货物所有人或者代理人交付船舶载运污染危害性货物，应当确保货物的包装与标志等符合有关安全和防治污染的规定，并在运输单证上准确注明货物的技术名称、编号、类别（性质）、数量、注意事项和应急措施等内容。

进行散装液体污染危害性货物过驳作业的船舶，其承运人、货物所有人或者代理人应当向海事管理机构提出申请，告知作业地点，并附送过驳作业方案、作业程序、防治污染措施等材料。

90 如果交付船舶载运的货物污染危害性不明能否托运？

货物所有人或者代理人交付船舶载运污染危害性不明的货物，应当由国家海事管理机构认定的评估机构进行危害性评估，明确货物的危害性质以及有关安全和防治污染要求，方可交付船舶载运。

91 从事船舶清洗施工等相关活动的人员要具备哪些安全环保的素养？

从事船舶清舱、洗舱、油料供受、装卸、过驳、修造、打捞、拆解，污染危害性货物装箱、充罐，污染清除作业以及利用船舶进行水上水下施工等作业活动的，应当遵守相关操作规程，并采取必要的安全和防治污染的措施。同时应当具备相关安全和防治污染的专业知识和技能。

92 我国针对生物多样性实施保护有哪些法律法规做保障？

针对生物多样性保护，我国先后制定了《中华人民共和国森林法》《中华人民共和国野生动物保护法》《中华人民共和国草原法》《中华人民共和国自然保护区管理条例》《中华人民共和国环境保护法》《中华人民共和国环境影响评价法》《中华人民共和国海洋法》《中华人民共和国水土保持法》等。我国针对生物多样性保护的政策是“全面规划、积极保护、科学管理、永续利用”“自然资源开发利用与保护增殖并重”“谁开发谁保护、谁利用谁补偿、谁破坏谁恢复”。制定法律、法规、条例，从法律高度，保证了生物多样性保护的严肃性和有效性。

93 在防沙治沙方面个人可以做些什么？

《中华人民共和国防沙治沙法》所指的土地沙化是因人类不合理活动所导致的天然沙漠扩张和沙质土壤上植被破坏、沙土裸露的过程。该法规定使用土地的单位和个人，有防止该土地沙化的义务。

94 国家对防沙治沙中表现突出的个人有奖励吗？

《中华人民共和国防沙治沙法》规定“在防沙治沙工作中做出显著成绩的单位和个人，由人民政府给予表彰和奖励；对保护和改善生态质量做出突出贡献的，应当给予重奖”。

同时鼓励单位和个人在自愿的前提下，捐资或者以其他形式开展公益性的治沙活动。

县级以上地方人民政府林业或者其他有关行政主管部门，应当为公益性治沙活动提供治理地点和无偿技术指导。从事公益性治沙的单位和个人，应当按照县级以上地方人民政府林业或者其他有关行政主管部门的技术要求进行治理，并可以将所种植的林、草委托他人管护或者交由当地人民政府有关行政主管部门管护。

95 使用已经沙化的国有土地和集体所有土地的承包经营人对土地沙化需承担哪些义务及享有哪些权利?

使用已经沙化的国有土地的使用权人和农民集体所有土地的承包经营权人，必须采取治理措施，改善土地质量；确实无能力完成治理任务的，可以委托他人治理或者与他人合作治理。委托或者合作治理的，应当签订协议，明确各方的权利和义务。

沙化土地所在地区的地方各级人民政府及其有关行政主管部门、技术推广单位，应当为土地使用权人和承包经营权人的治沙活动提供技术指导。

土地使用权人和承包经营权人，如采取退耕还林还草、植树种草或者封育措施治沙，将按照国家有关规定，享受人民政府提供的政策优惠。

96 从事渔业养殖生产活动的需承担对生态环境保护的义务吗？

根据《中华人民共和国渔业法》，从事养殖生产应当保护水域生态环境，科学确定养殖密度，合理投饵、施肥、使用药物，不得造成水域的环境污染。

97 从事捕捞作业的单位和个人应遵守哪些规定？

从事捕捞作业的单位和个人，必须按照捕捞许可证关于作业类型、场所、时限、渔具数量和捕捞限额的规定进行作业，并遵守国家有关保护渔业资源的规定，大中型渔船应当填写渔捞日志。

禁止使用炸鱼、毒鱼、电鱼等破坏渔业资源的方法进行捕捞。禁止制造、销售、使用禁用的渔具。禁止在禁渔区、禁渔期进行捕捞。禁止使用小于最小网目尺寸的网具进行捕捞。捕捞的渔获物中幼鱼不得超过规定的比例。在禁渔区或者禁渔期内禁止销售非法捕捞的渔获物。

如违反以上规定，将没收渔获物和违法所得，处 5 万元以下的罚款；情节严重的，没收渔具，吊销捕捞许可证；情节特别严重的，可以没收渔船；构成犯罪的，依法追究刑事责任。

98 对水产种质资源的保护有哪些措施?

国家保护水产种质资源及其生存环境，并在具有较高经济价值和遗传育种价值的水产种质资源的主要生长繁育区域建立水产种质资源保护区。未经国务院渔业行政主管部门批准，任何单位或者个人不得在水产种质资源保护区内从事捕捞活动。

重点保护的渔业资源品种及其可捕捞标准，禁渔区和禁渔期，禁止使用或者限制使用的渔具和捕捞方法，最小网目尺寸以及其他保护渔业资源的措施，由国务院渔业行政主管部门或者省、自治区、直辖市人民政府渔业行政主管部门规定。

未经批准在水产种质资源保护区内从事捕捞活动的，责令立即停止捕捞，没收渔获物和渔具，可以并处1万元以下的罚款。

99 对有重要经济价值的水生动物苗种有哪些重点保护的规定？

禁止捕捞有重要经济价值的水生动物苗种。因养殖或者其他特殊需要，捕捞有重要经济价值的苗种或者禁捕的怀卵亲体的，必须经国务院渔业行政主管部门或者省、自治区、直辖市人民政府渔业行政主管部门批准，在指定的区域和时间内，按照限额捕捞。

在水生动物苗种重点产区引水用水时，应当采取措施，保护苗种。

非法生产、进口、出口水产苗种的，没收苗种和违法所得，并处五万元以下的罚款。

经营未经审定批准的水产苗种的，责令立即停止经营，没收违法所得，可以并处5万元以下的罚款。

100 对珍贵、濒危水生野生动物有哪些特殊的保护措施?

国家对白鳍豚等珍贵、濒危水生野生动物实行重点保护，防止其灭绝。禁止捕杀、伤害国家重点保护的水生野生动物。因科学研究、驯养繁殖、展览或者其他特殊情况，需要捕国家重点保护的水生野生动物的，依照《中华人民共和国野生动物保护法》的规定执行。

101 草原承包经营者应遵守的环保法规有哪些？

按《中华人民共和国草原法》规定， 草原承包经营者应当合理利用草原，不得超过草原行政主管部门核定的载畜量；草原承包经营者应当采取种植和储备饲草饲料、增加饲草饲料供应量、调剂处理牲畜、优化畜群结构、提高出栏率等措施，保持草畜平衡。

牧区的草原承包经营者应当实行划区轮牧，合理配置畜群，均衡利用草原。

102 针对草原保护国家对牧民有哪些方面的鼓励？

国家提倡在农区、半农半牧区和有条件的牧区实行牲畜圈养。草原承包经营者应当按照饲养牲畜的种类和数量，调剂、储备饲草饲料，采用青贮和饲草饲料加工等新技术，逐步改变依赖天然草地放牧的生产方式。

在草原禁牧、休牧、轮牧区，国家对实行舍饲圈养的给予粮食和资金补助，国家支持依法实行退耕还草和禁牧、休牧。

对在国务院批准规划范围内实施退耕还草的农牧民，按照国家规定给予粮食、现金、草种费补助。退耕还草完成后，由县级以上人民政府草原行政主管部门核实登记，依法履行土地用途变更手续，发放草原权属证书。

103 为保护环境在草原上严令禁止的活动有哪些?

禁止在荒漠、半荒漠和严重退化、沙化、盐碱化、石漠化、水土流失的草原以及生态脆弱区的草原上采挖植物和从事破坏草原植被的其他活动。如违反将由县级以上地方人民政府草原行政主管部门依据职权责令停止违法行为，没收非法财物和违法所得，可以并处违法所得 1 倍以上 5 倍以下的罚款；没有违法所得的，可以并处 5 万元以下的罚款；给草原所有者或者使用者造成损失的，依法承担赔偿责任。

在草原上从事采土、采砂、采石等作业活动，应当报县级人民政府草原行政主管部门批准；开采矿产资源的，应当依法办理有关手续；并在规定的时间、区域内，按照准许的采挖方式作业，采取保护草原植被的措施。

104 非法开垦草原将面对怎样的处罚？

《中华人民共和国草原法》第六十六条规定：非法开垦草原，构成犯罪的，依法追究刑事责任；尚不够刑事处罚的，由县级以上人民政府草原行政主管部门依据职权责令停止违法行为，限期恢复植被，没收非法财物和违法所得，并处违法所得 1 倍以上 5 倍以下的罚款；没有违法所得的，并处 5 万元以下的罚款；给草原所有者或者使用者造成损失的，依法承担赔偿责任。

105 开展草原旅游要注意什么？

在草原上开展经营性旅游活动，应当符合有关草原保护、建设、利用规划，并事先征得县级以上地方人民政府草原行政主管部门的同意，方可办理有关手续。

在草原上开展经营性旅游活动，不得侵犯草原所有者、使用者和承包经营者的合法权益，不得破坏草原植被。

擅自在草原上开展经营性旅游活动，破坏草原植被的，由县级以上地方人民政府草原行政主管部门依据职权责令停止违法行为，限期恢复植被，没收违法所得，可以并处违法所得 1 倍以上 2 倍以下的罚款；没有违法所得的，可以并处草原被破坏前三年平均产值 6 倍以上 12 倍以下的罚款；给草原所有者或者使用者造成损失的，依法承担赔偿责任。

106 国家对森林资源实行哪些保护性措施？

《中华人民共和国森林法》规定：①对森林实行限额采伐，鼓励植树造林、封山育林，扩大森林覆盖面积。②根据国家和地方人民政府有关规定，对集体和个人造林、育林给予经济扶持或者长期贷款。③提倡木材综合利用和节约使用木材，鼓励开发、利用木材代用品。④征收育林费，专门用于造林育林。⑤煤炭、造纸等部门，按照煤炭和木浆纸张等产品的产量提取一定数额的资金，专门用于营造坑木、造纸等用材林。⑥建立林业基金制度。

植树造林、保护森林、森林管理以及林业科学研究等方面成绩显著的单位或者个人，由各级人民政府给予奖励。

107 保护森林国家禁止哪些行为?

禁止毁林开垦和毁林采石、采砂、采土以及其他毁林行为。禁止在幼林地和特种用途林内砍柴、放牧。

进入森林和森林边缘地区的人员，不得擅自移动或者损坏为林业服务的标志。

林区内列为国家保护的野生动物，禁止猎捕；因特殊需要猎捕的，按照国家有关法规办理。

108 采伐森林和林木必须遵守哪些规定？

（1）成熟的用材林应当根据不同情况，分别采取择伐、皆伐和渐伐方式。皆伐应当严格控制，并在采伐的当年或者次年内完成更新造林。

（2）防护林和特种用途林中的国防林、母树林、环境保护林、风景林，只准进行抚育和更新性质的采伐。

（3）特种用途林中的名胜古迹和革命纪念地的林木、自然保护区的森林，严禁采伐。

109 对珍贵树木及其制品、衍生品的出口有哪些规定？

国家禁止、限制出口珍贵树木及其制品、衍生物。禁止、限制出口的珍贵树木及其制品、衍生物的名录和年度限制出口总量，由国务院林业主管部门会同国务院有关部门制定，报国务院批准。

出口前款规定限制出口的珍贵树木或者其制品、衍生物的，必须经出口人所在地省、自治区、直辖市人民政府林业主管部门审核，报国务院林业主管部门批准，海关凭国务院林业主管部门的批准文件放行。进出口的树木或者其制品、衍生物属于中国参加的国际公约限制进出口的濒危物种的，必须向国家濒危物种进出口管理机构申请办理允许进出口证明书，海关凭允许进出口证明书放行。

110 对盗伐滥伐林木的有哪些罚责？

盗伐森林或者其他林木的，依法赔偿损失；由林业主管部门责令补种盗伐株数十倍的树木，没收盗伐的林木或者变卖所得，并处盗伐林木价值 3 倍以上 10 倍以下的罚款。

滥伐森林或者其他林木，由林业主管部门责令补种滥伐株数五倍的树木，并处滥伐林木价值 2 倍以上 5 倍以下的罚款。

拒不补种树木或者补种不符合国家有关规定的，由林业主管部门代为补种，所需费用由违法者支付。

盗伐、滥伐森林或者其他林木，构成犯罪的，依法追究刑事责任。

111 对违反《中华人民共和国森林法》规定的有哪些罚责？

进行开垦、采石、采砂、采土、采种、采脂和其他活动，致使森林、林木受到毁坏的，依法赔偿损失；由林业主管部门责令停止违法行为，补种毁坏株数 1 倍以上 3 倍以下的树木，可以处毁坏林木价值 1 倍以上 5 倍以下的罚款。

在幼林地和特种用途林内砍柴、放牧致使森林、林木受到毁坏的，依法赔偿损失；由林业主管部门责令停止违法行为，补种毁坏株数 1 倍以上 3 倍以下的树木。

拒不补种树木或者补种不符合国家有关规定的，由林业主管部门代为补种，所需费用由违法者支付。

112 自然保护区对公众有哪些要求？

《中华人民共和国自然保护区管理条例》所称自然保护区，是指对有代表性的自然生态系统、珍稀濒危野生动植物物种的天然集中分布区、有特殊意义的自然遗迹等保护对象所在的陆地、陆地水体或者海域，依法划出一定面积予以特殊保护和管理的区域。按本条例规定禁止在自然保护区内进行砍伐、放牧、狩猎、捕捞、采药、开垦、烧荒、开矿、采石、挖沙等活动；违反本条例规定的单位和个人，除可以依照有关法律、行政法规规定给予处罚的以外，由县级以上人民政府有关自然保护区行政主管部门或者其授权的自然保护区管理机构没收违法所得，责令停止违法行为，限期恢复原状或者采取其他补救措施；对自然保护区造成破坏的，可以处以 300 元以上 1 万元以下的罚款。

禁止任何人进入自然保护区保存完好的天然状态的生态系统以及珍稀、濒危动植物的集中的核心区。

113 在自然保护区组织参观、旅游活动应注意什么？

在自然保护区组织参观、旅游活动的，必须按照批准的方案进行，并加强管理；进入自然保护区参观、旅游的单位和个人，应当服从自然保护区管理机构的管理。

严禁开设与自然保护区保护方向不一致的参观、旅游项目。

114 在自然保护区遇突发事件时怎么办？

因发生事故或者其他突然性事件，造成或者可能造成自然保护区污染或者破坏的单位和个人，必须立即采取措施处理，及时通报可能受到危害的单位和居民，并向自然保护区管理机构、当地环境保护行政主管部门和自然保护区行政主管部门报告，接受调查处理。

115 违反《中华人民共和国自然保护区管理条例》有哪些罚责?

有下列行为之一的单位和个人，由自然保护区管理机构责令其改正，并可以根据不同情节处以 100 元以上 5000 元以下的罚款：

（1）擅自移动或者破坏自然保护区界标的；

（2）未经批准进入自然保护区或者在自然保护区内不服从管理机构管理的；

（3）经批准在自然保护区的缓冲区内从事科学研究、教学实习和标本采集的单位和个人，不向自然保护区管理机构提交活动成果副本的。

116 为了预防和减轻水土流失国家禁止哪些行为?

《中华人民共和国水土保持法》规定：禁止在崩塌、滑坡危险区和泥石流易发区从事取土、挖砂、采石等可能造成水土流失的活动；

禁止在25°以上陡坡地开垦种植农作物。在25°以上陡坡地种植经济林的，应当科学选择树种，合理确定规模，采取水土保持措施，防止造成水土流失。

禁止毁林、毁草开垦和采集发菜。禁止在水土流失重点预防区和重点治理区铲草皮、挖树兜或者滥挖虫草、甘草、麻黄等。

在水土流失严重、生态脆弱的地区，应当限制或者禁止可能造成水土流失的生产建设活动，严格保护植物、沙壳、结皮、地衣等。

117 为了防止水土流失国家有哪些鼓励政策？

国家鼓励单位和个人按照水土保持规划参与水土流失治理，并在资金、技术、税收等方面予以扶持。

国家鼓励和支持承包治理荒山、荒沟、荒丘、荒滩，防治水土流失，保护和改善生态环境，促进土地资源的合理开发和可持续利用，并依法保护土地承包合同当事人的合法权益。

118 如何在耕地短缺的情况下兼顾防治水土流失?

已在禁止开垦的陡坡地上开垦种植农作物的，应当按照国家有关规定退耕，植树种草；耕地短缺、退耕确有困难的，应当修建梯田或者采取其他水土保持措施。

在禁止开垦坡度以下的坡耕地上开垦种植农作物的，应当根据不同情况，采取修建梯田、坡面水系整治、蓄水保土耕作或者退耕等措施。

119 违反《中华人民共和国水土保持法》规定的行为将受到怎样的罚责?

在崩塌、滑坡危险区或者泥石流易发区从事取土、挖砂、采石等可能造成水土流失的活动的，由县级以上地方人民政府水行政主管部门责令停止违法行为，没收违法所得，对个人处 1 000 元以上 1 万元以下的罚款，对单位处 2 万元以上 20 万元以下的罚款。

在禁止开垦坡度以上陡坡地开垦种植农作物，或者在禁止开垦、开发的植物保护带内开垦、开发的，由县级以上地方人民政府水行政主管部门责令停止违法行为，采取退耕、恢复植被等补救措施；按照开垦或者开发面积，可以对个人处每平方米 2 元以下的罚款、对单位处每平方米 10 元以下的罚款。

采集发菜，或者在水土流失重点预防区和重点治理区铲草皮、挖树兜、滥挖虫草、甘草、麻黄等的，由县级以上地方人民政府水行政主管部门责令停止违法行为，采取补救措施，没收违法所得，并处违法所得 1 倍以上 5 倍以下的罚款；没有违法所得的，可以处 5 万元以下的罚款。

在林区采伐林木不依法采取防止水土流失措施的，由县级以上地方人民政府林业主管部门、水行政主管部门责令限期改正，采取补救措施；造成水土流失的，由水行政主管部门按照造成水土流失的面积处每平方米 2 元以上 10 元以下的罚款。

120 如果你发现了一个受伤的野生动物将怎样处理？

《中华人民共和国野生动物保护法》规定，野生动物资源属于国家所有。如发现有受伤的野生动物尽量不要主动去救助受伤野生动物，因为动物在受到伤害后往往会产生很强烈的自我保护意识，甚至会毫无征兆地攻击接触!另外受伤的动物往往会携带某些人畜共患病菌等，在城市发现受伤的野生动物应该第一时间联系防疫站或直接报警，如在乡下则需通知林业部门，当然也可以求助于媒体让他们帮助联系相关部门。

121 非法伤害珍贵、濒危野生动物的，将受到什么处罚？

《中华人民共和国刑法》第三百四十一条规定，非法收购、运输、出售国家重点保护的珍贵、濒危野生动物及其制品的，处五年以下有期徒刑或者拘役，并处罚金；

情节严重的，处五年以上十年以下有期徒刑，并处罚金；情节特别严重的，处十年以上有期徒刑，并处罚金或者没收财产。最高人民法院《关于审理破坏野生动物资源刑事案件具体应用法律若干问题的解释》（以下简称“法释〔2000〕37号文件”）规定，非法收购珍贵、濒危野生动物制品价值在10万元以上的，属于“情节严重”；价值在20万元以上的，属于“情节特别严重”。上述规定正是一审判决的法律依据所在。

122 如何保证野生动物的生息繁衍？

在相关自然保护区域和禁猎（渔）区、禁猎（渔）期内，禁止猎捕以及其他妨碍野生动物生息繁衍的活动，但法律法规另有规定的除外。

野生动物迁徙洄游期间，在前款规定区域外的迁徙洄游通道内，禁止猎捕并严格限制其他妨碍野生动物生息繁衍的活动。迁徙洄游通道的范围以及妨碍野生动物生息繁衍活动的内容，由县级以上人民政府或者其野生动物保护主管部门规定并公布。

123《中华人民共和国野生动物保护法》中对捕猎有哪些规定？

猎捕非国家重点保护野生动物的，应当依法取得县级以上地方人民政府野生动物保护主管部门核发的狩猎证，并且服从猎捕量限额管理。

猎捕者应当按照特许猎捕证、狩猎证规定的种类、数量、地点、工具、方法和期限进行猎捕。

持枪猎捕的，应当依法取得公安机关核发的持枪证。

禁止使用毒药、爆炸物、电击或者电子诱捕装置以及猎套、猎夹、地枪、排铳等工具进行猎捕，禁止使用夜间照明行猎、歼灭性围猎、捣毁巢穴、火攻、烟熏、网捕等方法进行猎捕，但因科学研究确需网捕、电子诱捕的除外。

124 所有的野生动物都可以放生吗？有什么规定？

任何组织和个人将野生动物放生至野外环境，应当选择适合放生地野外生存的当地物种，不得干扰当地居民的正常生活、生产，避免对生态系统造成危害。随意放生野生动物，造成他人人身、财产损害或者危害生态系统的，依法承担法律责任。

125《中华人民共和国野生动物保护法》有哪些禁令？

在相关自然保护区域、禁猎（渔）区、禁猎（渔）期猎捕国家重点保护野生动物，未取得特许猎捕证、未按照特许猎捕证规定猎捕、杀害国家重点保护野生动物，或者使用禁用的工具、方法猎捕国家重点保护野生动物的，将没收猎获物、猎捕工具和违法所得，吊销特许猎捕证，并处猎获物价值 2 倍以上 10 倍以下的罚款；没有猎获物的，并处 1 万元以上 5 万元以下的罚款；构成犯罪的，依法追究刑事责任。

在相关自然保护区域、禁猎（渔）区、禁猎（渔）期猎捕非国家重点保护野生动物，未取得狩猎证、未按照狩猎证规定猎捕非国家重点保护野生动物，或者使用禁用的工具、方法猎捕非国家重点保护野生动物的，将没收猎获物、猎捕工具和违法所得，吊销狩猎证，并处猎获物价值1倍以上5倍以下的罚款；没有猎获物的，并处2000元以上1万元以下的罚款；构成犯罪的，依法追究刑事责任。

为出售、购买、利用野生动物及其制品或者禁止使用的猎捕工具发布广告的，依照《中华人民共和国广告法》的规定处罚。

为违法出售、购买、利用野生动物及其制品或者禁止使用的猎捕工具提供交易服务的，将责令停止违法行为，限期改正，没收违法所得，并处违法所得2倍以上5倍以下的罚款；没有违法所得的，处1万元以上5万元以下的罚款；构成犯罪的，依法追究刑事责任。

进出口野生动物或者其制品的，依照法律、行政法规和国家有关规定处罚；构成犯罪的，依法追究刑事责任。

从境外引进野生动物物种的，将没收所引进的野生动物，并处5万元以上25万元以下的罚款；未依法实施进境检疫的，依照《中华人民共和国进出境动植物检疫法》的规定处罚；构成犯罪的，依法追究刑事责任。

将从境外引进的野生动物放归野外环境的，将责令限期捕回，处1万元以上5万元以下的罚款；逾期不捕回的，由有关野生动物保护主管部门代为捕回或者采取降低影响的措施，所需费用由被责令限期捕回者承担。

126 节能主要体现在哪些方面?

《中华人民共和国节约能源法》中的能源是指煤炭、石油、天然气、生物质能和电力、热力以及其他直接或者通过加工、转换而取得有用能的各种资源。因此节约能源，是指加强用能管理，采取技术上可行、经济上合理以及环境和社会可以承受的措施，从能源生产到消费的各个环节，降低消耗、减少损失和污染物排放、制止浪费，有效、合理地利用能源。

127 能源效率标识的指标有哪些？

《中华人民共和国节约能源法》规定，国家对节能潜力大、使用面广的用能产品实行能效标识管理。

《能源效率标识管理办法》规定，能效标识的名称为“中国能效标识”（英文名称为 china energy label），能效标识应当包括以下基本内容：①生产者名称或者简称；②产品规格型号；③能效等级；④能效指标；⑤依据的能源效率强制性国家标准编号；⑥能效信息码。

128 销售不符合强制性能源效率标准的用能产品、设备的将面对怎样的处罚？

《中华人民共和国节约能源法》规定：生产、进口、销售不符合强制性能源效率标准的用能产品、设备的，由产品质量监督部门责令停止生产、进口、销售，没收违法生产、进口、销售的用能产品、设备和违法所得，并处违法所得 1 倍以上 5 倍以下罚款；情节严重的，由工商行政管理部门吊销营业执照。

129 电力行业如何实行节能措施？

《中华人民共和国电力法》规定：国家对电力供应和使用，实行安全用电、节约用电、计划用电的管理原则；国家鼓励和支持利用可再生能源和清洁能源发电；电力发展规划，应当体现合理利用能源、电源与电网配套发展、提高经济效益和有利于环境保护的原则；电力建设应当贯彻切实保护耕地、节约利用土地的原则。

130 在环境保护领域的资源环境节约是如何规定的？

《中华人民共和国环境保护法》规定："国家采取有利于节约和循环利用资源、保护和改善环境、促进人与自然和谐的经济、技术政策和措施，使经济社会发展与环境保护相协调。""公民应当增强环境保护意识，采取低碳、节俭的生活方式，自觉履行环境保护义务。""国家促进清洁生产和资源循环利用。""企业应当优先使用清洁能源，采用资源利用率高、污染物排放量少的工艺、设备以及废弃物综合利用技术和污染物无害化处理技术，减少污染物的产生。”

131 公民在参与公共生活时如何获得环境信息?

《中华人民共和国环境保护法》规定，公民、法人和其他组织依法享有获取环境信息、参与和监督环境保护的权利。

县级以上人民政府环境保护主管部门和其他负有环境保护监督管理职责的部门，应当依法公开环境质量、环境监测、突发环境事件以及环境行政许可、行政处罚、排污费的征收和使用情况等信息。

县级以上地方人民政府环境保护主管部门和其他负有环境保护监督管理职责的部门，应当将企业事业单位和其他生产经营者的环境违法信息记入社会诚信档案，及时向社会公布违法者名单。

132 国家对于可再生能源项目有哪些激励措施？

《中华人民共和国可再生能源法》规定，可再生能源发展基金用于补偿并用于支持以下事项：①可再生能源开发利用的科学技术研究、标准制定和示范工程；②农村、牧区的可再生能源利用项目；③偏远地区和海岛可再生能源独立电力系统建设；④可再生能源的资源勘查、评价和相关信息系统建设；⑤促进可再生能源开发利用设备的本地化生产。

对列入国家可再生能源产业发展指导目录、符合信贷条件的可再生能源开发利用项目，金融机构可以提供有财政贴息的优惠贷款。

133 未取得采矿许可证擅自采矿的将面对怎样的处罚？

《中华人民共和国矿产资源法》第三十九条规定：未取得采矿许可证擅自采矿的，擅自进入国家规划矿区、对国民经济具有重要价值的矿区范围采矿的，擅自开采国家规定实行保护性开采的特定矿种的，责令停止开采、赔偿损失，没收采出的矿产品和违法所得，可以并处罚款；拒不停止开采，造成矿产资源破坏的，依照刑法有关规定对直接责任人员追究刑事责任。

单位和个人进入他人依法设立的国有矿山企业和其他矿山企业矿区范围内采矿的，依照前款规定处罚。

134 国家对于集体和个人采矿有哪些保障措施？

《中华人民共和国矿产资源法》规定，国家对集体矿山企业和个体采矿实行积极扶持、合理规划、正确引导、加强管理的方针，鼓励集体矿山企业开采国家指定范围内的矿产资源，允许个人采挖零星分散资源和只能用作普通建筑材料的砂、石、黏土以及为生活自用采挖少量矿产。

国家指导、帮助集体矿山企业和个体采矿不断提高技术水平、资源利用率和经济效益。

地质矿产主管部门、地质工作单位和国有矿山企业应当按照积极支持、有偿互惠的原则向集体矿山企业和个体采矿提供地质资料和技术服务。

135 国家对于煤炭行业的节约有哪些规定?

《中华人民共和国煤炭法》规定，国家提倡和支持煤矿企业和其他企业发展煤电联产、炼焦、煤化工、煤建材等，进行煤炭的深加工和精加工。

国家鼓励煤矿企业发展煤炭洗选加工，综合开发利用煤层气、煤矸石、煤泥、石煤和泥炭。

136 《中华人民共和国煤炭法》对公民的行为有哪些规定？对于违规行为有哪些处罚?

《中华人民共和国煤炭法》对公民的行为有以下规定：

（1）任何单位或者个人不得危害煤矿矿区的电力、通信、水源、交通及其他生产设施。禁止任何单位和个人扰乱煤矿矿区的生产秩序和工作秩序。

（2）对盗窃或者破坏煤矿矿区设施、器材及其他危及煤矿矿区安全的行为，一切单位和个人都有权检举、控告。

（3）未经煤矿企业同意，任何单位或者个人不得在煤矿企业依法取得土地使用权的有效期间内在该土地上种植、养殖、取土或者修建建筑物、构筑物。

（4）未经煤矿企业同意，任何单位或者个人不得占用煤矿企业的铁路专用线、专用道路、专用航道、专用码头、电力专用线、专用供水管路。

（5）任何单位或者个人需要在煤矿采区范围内进行可能危及煤矿安全的作业时，应当经煤矿企业同意，报煤炭管理部门批准，并采取安全措施后，方可进行作业。

对违规行为的处罚有：

（1）未经煤矿企业同意，在煤矿企业依法取得土地使用权的有效期间内在该土地上修建建筑物、构筑物的，由当地人民政府动员拆除；拒不拆除的，责令拆除。

（2）未经煤矿企业同意，占用煤矿企业的铁路专用线、专用道路、专用航道、专用码头、电力专用线、专用供水管路的，由县级以上地方人民政府责令限期改正；逾期不改正的，强制清除，可以并处5万元以下的罚款；造成损失的，依法承担赔偿责任。

（3）未经批准或者未采取安全措施，在煤矿采区范围内进行危及煤矿安全作业的，由煤炭管理部门责令停止作业，可以并处 5 万元以下的罚款；造成损失的，依法承担赔偿责任。

国家发展和推广洁净煤技术。国家采取措施取缔土法炼焦。禁止新建土法炼焦窑炉；现有的土法炼焦限期改造。

137 针对日益严重的煤矸石问题，国家鼓励的具体利用方式有哪些？

《中华人民共和国循环经济促进法》规定，企业应当按照国家规定，对生产过程中产生的粉煤灰、煤矸石、尾矿、废石、废料、废气等工业废物进行综合利用。

《煤矸石综合利用管理办法》规定，国家鼓励煤矸石大宗利用和高附加值利用：①煤矸石井下充填；②煤矸石循环流化床发电和热电联产；③煤矸石生产建筑材料；④从煤矸石中回收矿产品；⑤煤矸石土地复垦及矸石山生态环境恢复；⑥其他大宗、高附加值利用方式。

138 在贯彻循环利用方面，公众可以怎样发挥作用？

《中华人民共和国循环经济促进法》规定，发展循环经济是国家经济社会发展的一项重大战略，应当遵循统筹规划、合理布局，因地制宜、注重实效，政府推动、市场引导，企业实施、公众参与的方针。

公民应当增强节约资源和保护环境意识，合理消费，节约资源。

国家鼓励和引导公民使用节能、节水、节材和有利于保护环境的产品及再生产品，减少废物的产生量和排放量。

公民有权举报浪费资源、破坏环境的行为，有权了解政府发展循环经济的信息并提出意见和建议。

139 企业应该如何节水？

《中华人民共和国循环经济促进法》规定，工业企业应当采用先进或者适用的节水技术、工艺和设备，制订并实施节水计划，加强节水管理，对生产用水进行全过程控制。

工业企业应当加强用水计量管理，配备和使用合格的用水计量器具，建立水耗统计和用水状况分析制度。

新建、改建、扩建建设项目，应当配套建设节水设施。节水设施应当与主体工程同时设计、同时施工、同时投产使用。

国家鼓励和支持沿海地区进行海水淡化和海水直接利用，节约淡水资源。

140 企业作为燃油利用的主体，可以为此采取哪些措施？

《中华人民共和国循环经济促进法》规定，国家鼓励和支持企业使用高效节油产品。

电力、石油加工、化工、钢铁、有色金属和建材等企业，必须在国家规定的范围和期限内，以洁净煤、石油焦、天然气等清洁能源替代燃料油，停止使用不符合国家规定的燃油发电机组和燃油锅炉。

内燃机和机动车制造企业应当按照国家规定的内燃机和机动车燃油经济性标准，采用节油技术，减少石油产品消耗量。

141 江河、湖泊和地下水可以任意取用吗？

《中华人民共和国水法》规定，直接从江河、湖泊或者地下取用水资源的单位和个人，应当按照国家取水许可制度和水资源有偿使用制度的规定，向水行政主管部门或者流域管理机构申请领取取水许可证，并缴纳水资源费，取得取水权。但是，家庭生活和零星散养、圈养畜禽饮用等少量取水的除外。

142 面对土地开发商日益严重的囤地行为，应该如何处置？

《中华人民共和国土地管理法》规定，禁止任何单位和个人闲置、荒芜耕地。已经办理审批手续的非农业建设占用耕地，一年内不用而又可以耕种并收获的，应当由原耕种该幅耕地的集体或者个人恢复耕种，也可以由用地单位组织耕种；一年以上未动工建设的，应当按照省、自治区、直辖市的规定缴纳闲置费；连续二年未使用的，经原批准机关批准，由县级以上人民政府无偿收回用地单位的土地使用权；该幅土地原为农民集体所有的，应当交由原农村集体经济组织恢复耕种。

在城市规划区范围内，以出让方式取得土地使用权进行房地产开发的闲置土地，依照《中华人民共和国城市房地产管理法》的有关规定办理。

承包经营耕地的单位或者个人连续二年弃耕抛荒的，原发包单位应当终止承包合同，收回发包的耕地。

143 公民应该注意培养环境与健康意识，具体有哪些基本技能？

《中国公民环境与健康素养（试行）》规定，公民应具备以下基本技能：

（1）发生环境与健康事件时，应按政府有关部门的指导应对。

安全生产事故、交通事故、企业违法排污行为等导致的有毒有害物质污染，是环境污染导致健康损害事件中的常见原因。发生有毒有害物质污染而危害自身健康时，不要惊慌失措，不要传播谣言，更不要围观现场，应及时向当地有关部门和医疗急救中心报告，并按照有关单位的指令采取防护措施或应急行动。例如，不同有毒有害气体泄漏时，其自救与逃生的方法有很大差异，居民应听从政府或应急部门的指挥，选择正确的逃生方法，快速撤离现场。

（2）遇到污染环境危害健康行为时，主动拨打“12369”热线投诉。

当身边发生环境污染事件或者对自己健康产生危害的环境污染行为时，应主动拨打“12369”环保热线投诉。

拨打“12369”环保热线投诉时：一是快，发现事件后，快速拨打电话，使事件在发生之初即得到有效的控制和处理；二是准，对所报告事件应客观描述，不要夸大其词，以免影响有关部门对问题的性质判断，不利处理；三是要讲清楚事发的具体地点、时间、举报人姓名及联系方法等，这样不仅有利于工作人员到现场进行检查，也便于有关部门及时回复举报人处理结果。

（3）能识别常见的危险标识及环境保护警告图形标志。

危险标识（警告标志）的基本形式是黑色等边三角形、顶角向上，标识的背景颜色为黄色，中间图形为黑色。使用危险标识（警告标志）的目的是提醒人们注意周围环境，以避免可能发生的危险。但要注意，危险标识只起到提醒和警告的作用，它本身不能消除任何危险，也不能取代预防事故的相应设施。

为保护自身安全，要学会识别常见的危险标识，远离危险物。会识别当心剧毒、当心电离辐射、当心有害气体中毒等常见的安全警告标志，会识别污水排放口、废气排放口、噪声排放源、一般固体废物和危险废物贮存（处置）场的环境保护警告图形标志等。

（4）积极关注并通过多种途径获取环境质量信息。

环境质量与健康紧密相连，为保护健康，应积极关注所在地区的环境质量信息。例如，可通过电视台环境质量信息播报、环境保护部门或环境监测机构官方网站等途径了解所在地区的空气、水等环境质量信息，并用以指导自己及家人的生活和生产活动，以消除或减少环境污染对健康的不利影响。

不要盲目相信小报、传单、短信、网络等传播的与环境质量相关的恐慌性信息，由政府机关、环保部门、国家或地区权威媒体等披露的信息一般是可靠的。

（5）主动有序参与环境保护，合理维护个人和社会公共环境权益。

积极参与环境保护，监督环境管理，举报违法排污行为，为保护自身健康而努力。例如，公众参与是环境影响评价的重要程序，应主动了解周边企业或项目对环境和自己的健康可能带来的影响，积极参与其环境影响评价过程，并依法有序地向有关审批部门表达自己的意见或建议。

选择合理的方式与合法的途径，维护自身的环境权益和社会公共环境权益。例如，可与污染责任者协商解决问题，也可申请行政部门来调解处理纠纷，还可通过提起民事诉讼来维权。当怀疑因环境污染而受到健康危害时，应主动到当地医疗机构做健康检查并积极治疗，保存好相关检查资料，以备维权。

144 为保护我们共同呼吸的空气，我们应该养成怎样的节电习惯？

《“同呼吸、共奋斗”公民行为准则》要求我们：养成节电习惯。适度使用空调，控制冬季室温，夏季室温不低于 26℃；及时关闭电器电源，减少待机耗电。

我国是产煤大国，也是耗煤大国。发电、供暖均以燃煤为主，适度使用空调、关闭不用的电器电源等节约用电习惯，意味着减少燃煤，可以间接减少大气污染物排放。《中华人民共和国节约能源法》规定，任何单位和个人都应当依法履行节能义务，有权检举浪费能源的行为。

145 公众参与环境保护包括哪些方面？

《环境保护公众参与办法》规定，环境保护主管部门可以通过征求意见、问卷调查，组织召开座谈会、专家论证会、听证会等方式征求公民、法人和其他组织对环境保护相关事项或者活动的意见和建议。

公民、法人和其他组织可以通过电话、信函、传真、网络等方式向环境保护主管部门提出意见和建议。

146 如何维护个人和社会公共环境权益?

积极参与环境保护，监督环境管理，举报违法排污行为，为保护自身健康而努力。例如，公众参与是环境影响评价的重要程序，应主动了解周边企业或项目对环境和自己的健康可能带来的影响，积极参与其环境影响评价过程，并依法有序地向有关审批部门表达自己的意见或建议。

选择合理的方式与合法的途径，维护自身的环境权益和社会公共环境权益。例如，可与污染责任者协商解决问题，也可申请行政部门来调解处理纠纷，还可通过提起民事诉讼来维权。当怀疑因环境污染而受到健康危害时，应主动到当地医疗机构做健康检查并积极治疗，保存好相关检查资料，以备维权。

147 可以通过哪些途径获取环境质量信息?

环境质量与健康紧密相连，为保护健康，应积极关注所在地区的环境质量信息。例如，可通过电视台环境质量信息播报、环境保护部门或环境监测机构官方网站等途径了解所在地区的空气、水等环境质量信息，并用以指导自己及家人的生活和生产活动，以消除或减少环境污染对健康的不利影响。

不要盲目相信小报、传单、短信、网络等传播的与环境质量相关的恐慌性信息，由政府机关、环保部门、国家或地区权威媒体等披露的信息一般是可靠的。

148 针对侵害公民环境权的行为，公民可信访的事项有哪些？

（1）检举、揭发违反环境保护法律、法规和侵害公民、法人或者其他组织合法环境权益的行为；

（2）对环境保护工作提出意见、建议和要求；

（3）对环境保护行政主管部门及其所属单位工作人员提出批评、建议和要求。